De purísi

Of Pure

Poemas de | Poems by
Francisco Brines

Selección y traducción | Selected and translated by
Steve Cranfield & Claudio Tedesco

Prefacio de | Foreword by
Rufus Gunn

ISBN 978-1-78222-816-5

GOBIERNO   MINISTERIO
DE ESPAÑA   DE CULTURA

*Esta obra ha sido publicada con una subvención de la
Dirección General del Libro, Archivos y Bibliotecas.*
This work has been published with a
subsidy from the Directorate-General
of Books, Archives and Libraries of the
Spanish Ministry of Culture.

Typeset by Column Communications Ltd, www.columncomm.co.uk
Cover art by Alain Roselló
Back cover photo by Paula Villar, www.paulavillarfotografia.com
Cover design by Column Communications Ltd, www.columncomm.co.uk
Book production and distribution management by Into Print, +44 (0)1604
832149, www.intoprint.net

'Elca ... el pueblo en donde nací. Se trata de una casa, blanca y grande, situada en un ámbito celeste de purísimo azul ...'

Franciso Brines
'La certidumbre de la poesía'
Introducción, *Selección propia* (1999)

'Elca ... the town where I was born. It's about a big white house located in a heavenly region of purest blue ...'

Franciso Brines
'The Certitude of Poetry'
Introduction, *Selected Poems* (1999)

Contenido

Contents

De *La última costa* (1995)

Nota de los traductores

La selección de poesía incluida en este volumen fue escogida de común acuerdo con el autor y con su beneplácito. Pero como selección, tiene sus limitaciones. Está tomada de tan sólo tres de sus colecciones individuales que fueron publicadas en distintas etapas de su carrera literaria. No debe ser entendida como una selección representativa de todo el trabajo de Brines o que suplanta la *Selección propia* (1999) editada por el poeta; y lo que es más, la carrera literaria de Brines continúa y no se agota aquí, por lo que a cualquier selección hecha bajo estas circunstancias le falta, así lo esperamos, la parte siguiente si no final. Por lo tanto y teniendo en cuenta estas limitaciones aún así hemos intentado transmitir la idea esencial de Brines al lector anglosajón.

Steve Cranfield y Claudio Tedesco

Translators' Note

The selection of poems included in this volume was chosen in discussion with the poet, and given his blessing. As a selection, however, it is circumscribed in more ways than one. It is drawn from just three of his individual collections, issued at different stages of his poetic career. It is not intended to be representative of the full range of Brines's work, or to supplant the *Selected Poems* (1999) which the poet himself has edited. What is more, Brines's poetic career is still in progress: any selection made under these circumstances necessarily has, we hope, the next if not final instalment missing. Within these limits we have nevertheless attempted to convey an essential flavour of Brines to the English-speaking reader.

Steve Cranfield and Claudio Tedesco

Agradecimientos

Agradecemos a Francisco Brines por permitirnos utilizar el texto en español de *Ensayo de una despedida: Poesía completa (1960-1997)*, Tusquets Editores, Barcelona. También agradecemos a Paul Binding por los útiles comentarios de los borradores de algunas de las traducciones. Una traducción previa al inglés de 'El azul' apareció en el catálogo de una exposición de Alain Roselló en el Wolfson College de Oxford, en 2003 – 'Está creciendo el mar'. Estamos especialmente agradecidos a Rufus Gunn por habernos permitido usar una de las obras de Alain para la cubierta de esta edición, así como también por su prefacio. Nuestro agradecimiento a Martin Humphries y Rodolfo Arrate por su ayuda en la corrección del texto. Y por último, nuestro reconocimiento al Ministerio de Cultura de España, cuya asistencia y apoyo han hecho posible esta traducción.

La ilustración de cubierta

Fresco sin título, obra de Alain Roselló (1961-2005), fotografiado por Ronald Grant. Poco antes de su muerte prematura, Roselló había estado trabajando en un conjunto de obras inspiradas en la poesía de Brines que iban a formar parte de este libro. Desgraciadamente no hemos podido reconstruir el material definitivo de entre todas las pinturas y bocetos que han quedado inacabados. Por lo tanto hemos usado un detalle de otra obra de Roselló que está muy ligada a las 'pinturas azules' que fueron el tema principal de su última exposición, también inspirada en Brines, e idea generadora de este libro.

Acknowledgments

Acknowledgment is made to Francisco Brines for permission to reprint the Spanish text from the volume *Ensayo de una despedida: Poesía completa (1960-1997)*, Tusquets Editores, Barcelona. Thanks are due to Paul Binding who offered many useful comments on earlier versions of some of the translations. An earlier English translation of 'The Blue' ('El azul') appeared in the catalogue of an exhibition by Alain Roselló at Wolfson College, Oxford, in 2003 – 'Está creciendo el mar'. For permission to use Alain's artwork for the cover, and for his contribution of a Foreword to this edition, we are especially grateful to Rufus Gunn. Thanks are due to Martin Humphries and Rodolfo Arrate for their assistance with proofing. Our thanks are also due to the Spanish Ministry of Culture whose assistance and support have helped to make this translation possible.

About the Cover Art

Untitled fresco by Alain Roselló (1961-2005). Photo by Ronald Grant. Before his untimely death, Roselló had been working on a sequence of works inspired by the poetry of Brines. These were intended to be an integral part of this book. Unfortunately, we were unable to construe the artist's final intentions from the work-in-progress. We have used instead a detail from another work by Roselló that is closely linked to the 'blue paintings' that were a central focus of his last exhibition, also inspired by Brines, and provided the initial stimulus for this book.

Prefacio

A través de los años Francisco Brines ha llegado a ser considerado un representante de toda una escuela española de poetas, la llamada *Generación del 50* que se distingue por incorporar 'nuevas maneras de usar el lenguaje cotidiano de una forma creativa, crear nuevas visiones gracias a evocaciones personales y hechos anecdóticos y lograr nuevos descubrimientos mediante la poesía.'[1] Por eso ya era hora de que una selección de la poesía de Brines estuviera disponible por primera vez en una traducción al inglés.

Cuando Brines escribe de cómo llegó a conocer al poeta Vicente Aleixandre en su época de estudiante en Madrid, nos dice: 'Siempre he creído en la naturalidad de los encuentros, en el azar como conductor suavísimo de la vida.'[2] Fue el azar el responsable de que se cruzaran nuestros caminos, el de Francisco Brines y el mío, en una deprimente y húmeda tarde de octubre de 1963 en el Instituto Tayloriano de Oxford. Yo había leído en el calendario de la Universidad que un tal señor Brines, 'lector' de español,[3] estaba a cargo de una clase de conversación allí, de 2 a 4 de la tarde. Era mi primer trimestre como estudiante, y ya estaba yo completamente aburrido de la disciplina a la que me había comprometido para los tres años siguientes. Hubiera dado cualquier cosa por cambiar de aire y el Tayloriano se encontraba justo frente a la puerta trasera de mi colegio. Yo tenía unos conocimientos muy rudimentarios del español y hete aquí la oportunidad para mejorarlo. Por supuesto que no tenía idea de que este señor Brines fuese un poeta con libros publicados. Si lo hubiera sabido no hubiera abierto la boca y me habría mostrado tímido como los otros doce estudiantes (los cuales, como descubriría muy pronto, leían bien el español) que encontré sentados en el aula 18 en un incómodo silencio. En esa época yo recién había descubierto la poesía de Cavafy y estaba deslumbrado por los dioses paganos y las costumbres del Mediterráneo de entonces, tan remotas a las del internado católico en el que yo había estudiado (remotas también de los encantos carnales que yo había descubierto durante un prolongado interludio ibérico después de terminar la escuela y antes de ir a Oxford). No habría de pasar mucho

---

1 Debicki, A. P. (1982) *Poetry of discovery: the Spanish generation of 1956-1971*. Lexington, University Press of Kentucky, p.18.

2 Brines, F. (1995) *Escritos sobre poesía española*. Valencia, Pre-textos, p.67.

3 El rol universitario de 'lector' tenía el fin de impulsar la conversación abierta, en el idioma concerniente y las clases estaban abiertas a todos los estudiantes. Brines mantuvo este cargo de 1963 a 1965.

Foreword

Francisco Brines has for many years come to be seen as a representative of a whole school of Spanish poets, the so-called Brines-Rodríguez Generation, distinguished by the introduction of 'new ways of using everyday language creatively, and of drawing on anecdotal events and personal evocations to forge new visions and to perform new discoveries through poetry.'[1] So it is not before time that a selection of Brines's poetry should become readily available for the first time in English translation.

Brines wrote, in the context of how he as a student in Madrid came to meet the poet Vicente Aleixandre, 'I've always believed in the naturalness of encounters, in chance as the gentlest driver of life.'[2] It was chance, one damp depressing October afternoon in 1963 that was responsible for the paths of Francisco Brines and my own crossing at the Taylorian Institute in Oxford. I had read in the university calendar that a Mr Brines, 'Lector' in Spanish,[3] would be conducting a conversation class there between 2 and 4 pm. It was my first term as an undergraduate and I was already bored beyond belief by the discipline to which I had committed myself for the next three years. Anything for a change and the Taylorian was just across the road from my own college's back gate. I had a smattering of Spanish and here was an opportunity to improve it. Of course, I had no idea that this Mr Brines was a published poet. Had I known, I'd have been as tongue-tied and diffident as the dozen other undergraduates (all, I was soon to learn, reading Spanish) whom I found in Room 18 sitting in awkward silence. I had just discovered the poetry of Cavafy and was much taken with the ancient gods and the then mores of the Middle Sea, so remote from those of the Roman Catholic boarding school I had attended. (Remote too from the more fleshly enchantments I had discovered between leaving school and going to Oxford, during a protracted Iberian interlude.) It would not be long before Cavafy would be forsaken for

---

1 Debicki, A. P. (1982) *Poetry of discovery: the Spanish generation of 1956-1971.* Lexington, University Press of Kentucky, p.18.
2 Brines, F. (1995) *Escritos sobre poesía española.* Valencia, Pre-Textos, p.67.
3 The university role of 'lector' was to encourage free conversation in the language concerned and classes were open to all students. Brines held the post from 1963 to 1965.

tiempo antes de que yo abandonara a Cavafy por Cernuda, Gil de Biedma, y gracias a Brines, el olvidado poeta valenciano Gil-Albert.

Pero desconocía yo entonces la vocación del joven hombre moreno de ojos profundamente oscuros que compartía frente a nosotros ese incómodo silencio en el aula 18. Seguramente me conmiseré de él y decidí ayudarlo. Verdaderamente no recuerdo qué fue lo que dije de entrada, lo que originó esa *conversación*, pero lo que sí recuerdo todavía hoy es la expresión de asombro de los otros estudiantes. Me espanta pensar en cómo yo parloteaba ignorando totalmente el subjuntivo y agregando una buena dosis de términos salaces que había aprendido durante mi estancia en España, lo cual parece ser que divirtió a este señor Brines.

Nunca volví al Instituto Tayloriano. Pero Brines y yo nos escapábamos con frecuencia (él, de su triste habitación en Mere Road, y yo de mi no tan deprimente colegio) a mesones en las nebulosas cercanías de Oxford (según parece, en ese otoño hubo mucha niebla) durante el resto de ese trimestre, en su pequeño Renault Dauphine. Recuerdo con nostalgia uno de esos en Kingston Bagpuize, cerca de Abingdon, donde bastaba con hacer un gesto y un guiño a nuestro mesonero Dudley para que éste nos trajera pastel de grajo, un plato campestre tradicional con un sabor fuerte muy característico. Teníamos que comerlo a escondidas porque la caza de grajos estaba entonces prohibida. Yo supe entonces que Brines no se quejaría más de la insipidez de la comida inglesa.

Brines era tan buena compañía (a menudo había lágrimas pero siempre de alegría) que me entristeció mucho cuando llegaron las vacaciones de Navidad y Brines y el Dauphine desaparecieron con rumbo sur hacia los naranjales de Valencia, llevándose con él la espontaneidad y calidez mediterráneas. Para entonces sabía que él había publicado tres años atrás un volumen de poemas, *Las brasas*, que le había hecho ganar el prestigioso Premio Adonais en 1959. Yo tenía un temor reverencial.

Y yo volví a casa, a la gelidez de Warwickshire y abrí el delgado libro de bolsillo: lo que leí parecía tener escasa relación con el hombre que yo creía comenzaba a conocer. Años más tarde refiriéndose a la génesis de su poesía, Brines mismo suministró en parte la explicación:

De los emocionantes escombros de la vida surge la motivación del poema, pero sin que casi nunca sea mi voluntad la que elige.

Cernuda, Gil de Biedma, and thanks to Brines, the neglected Valencian poet Gil-Albert.

But ignorant I was then of the calling of the dusky young man with the dark deep set eyes who faced us in equally awkward silence in Room 18. Poor fellow, I must have thought, and resolved to help him out. Quite what I said to jump-start the *conversación* I cannot at this juncture recall, but the startled expression of the other students is still with me today. I cringe to think of how I prattled on altogether oblivious of the subjunctive and with a good dose of salacious street Spanish, picked up during my Iberian sojourn, which this Mr Brines seemed to find entertaining.

I never returned to the Taylorian Institute. But Brines and myself did escape for the remainder of that term – he from his dreary bedsit on Mere Road, me from my less dreary college – in his little Renault Dauphine to hostelries within fogbound range of Oxford (there seemed a lot of fog that autumn). One such I recall fondly was at Kingston Bagpuize near Abingdon, where with a wink and a nod our host Dudley would provide rook pie, a traditional country dish with a distinctly gamey flavour which had to be eaten in secret as shooting rooks was by now against the law. I knew Brines would now no longer be able to complain of the blandness of English fare.

Brines was such good company – there were often tears but always of mirth – that I was much saddened when the Christmas vacation was upon us and Brines and the Dauphine headed south for the orange groves of Valencia and the warmth and spontaneity of the Mediterranean went with him. By then I knew he had had a first volume of poems, *Las brasas* [The Embers], published three years before and that it had won (1959) him the prestigious Premio Adonais. I was in awe.

I returned home to the chilliness of Warwickshire. And opened the pocket-sized slim volume. What I read seemed to bear scant connection with the man I thought I was coming to know. Years later, Brines had this to say about the genesis of his poetry and it provided in part an explanation.

From the emotionally charged rubble of life arises the motivation for a poem, but without my will hardly ever

[...] aún sucede que cosas importantes de mi vida, no olvidadas nunca, y que incluso han influido fuertemente en la formación de mi persona, no me piden existir en la poesía.[4]

Yo leía desconcertado...'un dia partirá ... / y en un extraño buque, sin pesar, / navegará. Sin emoción la casa / se abandona [...] Nunca nadie / sabrá cuándo murió, la cerradura / se irá cubriendo de un lejano polvo.'[5] Un *memento mori* no era lo que esperaba del conductor del Dauphine que para entonces ya habría llegado a la soleada Valencia. Cuando Brines volvió, la dinámica entre nosotros había cambiado. Mi español tal vez había mejorado antes de Navidad pero yo no había estado escuchando la sosegada voz interior del poeta. Teníamos puntos en común: una educación católica y el rechazo a la misma edad, de los valores que la sostenían:

> Y cuando, a mis 18 años, tuve que sacrificar unas creencias que no sólo no me servían ya, sino que me dañaban profundamente, sustituí las muy hermosas y para mí vacías palabras por las palabras desconocidas y halladas en la poesía: la fórmula del rezo se hizo verso.[6]

Podía sentirme identificado con todo esto. Pero de lo que podía ofrecerme la poesía, de eso no estaba seguro. Durante los meses y años siguientes poco a poco fui comprendiendo que lo que Brines había expresado era la verdad de la poesía: 'Mas lo que a ésta [una personal visión del mundo] la hace valiosa es tan sólo su capacidad de entregarnos una emoción, única verdad que buscamos en el poema.'[7]

Fue la 'personal visión del mundo' de Brines la que me ayudó a sobrellevar los fúnebres años 80 cuando tantos amigos y amantes desaparecieron. Leí y releí 'Oscureciendo el bosque', uno de los poemas de Brines de Oxford incluido en esta traducción. La colección de donde está tomado, *Palabras a la oscuridad* (1966), ha sido descrita como la representación de 'el conflicto entre la vitalidad de la naturaleza y la vida humana por un lado y la de-

4 Brines, F. (1999) *Selección propia*. Tercera edición. Madrid, Ediciones Cátedra, p.22.
5 Brines, F. (1960) *Las brasas*. Madrid, Adonais, p.20. Incluído dentro de *Poesía completa (1960-1997)* (1999) Barcelona, Tusquets Editores.
6 Brines, F. (1999), *obr. cit.*, p.17.
7 *Ibídem*, p.27

choosing it. [...] it even happens that important things in my life, never forgotten and which moreover have deeply influenced the development my personality, do not demand space in my poetry.[4]

I read, disconcerted, 'one day he will depart ... / and in a strange boat, without regret, / he will sail away. Without emotion the house / is left deserted [...] No one will ever / know when he died, the lock / will go on being covered by a faraway dust.'[5] A *memento mori* was not what I expected from the driver of the Dauphine by then arriving in sunny Valencia.

When Brines returned, the dynamic between us had changed. My Spanish may have improved before Christmas but I had not been listening to the quiet inner voice of the poet. There was common ground: a Roman Catholic education and a rejection of the values that underpinned it at a similar age:

> And when at eighteen I had to sacrifice some beliefs that were not only of no use to me but harmed me profoundly, I substituted for the very beautiful but to me empty words others then unknown and found in poetry: the formula of prayer gave way to verse.[6]

I could empathise with much of this. But quite what poetry could offer, of that I was less certain. In the months and years that lay ahead I began to grasp what Brines has articulated as the truth of poetry: 'But what gives value to [a personal vision of life] is its capacity to engender feeling, the only truth we seek in the poem.'[7]

It was Brines's 'personal vision of the world' that came to sustain me through the funeral years of the 1980s when so many friends and lovers were lost. I would return again and again to 'Oscureciendo el bosque' [The Darkening Wood], one of Brines's Oxford poems included in this translation. The collection, *Palabras a la oscuridad* [Words into the Dark] (1966), from which it is taken has been described as portraying 'the conflict between the vitality of nature and human life on the one hand,

---

4 Brines, F. (1999) *Selección propia*. Third edition. Madrid, Ediciones Catedra, p.22.
5 Brines, F. (1960) *Las brasas*. Madrid, Adonais, p.20. Reprinted 1999 in *Poesía completa (1960-1997)* Barcelona, Tusquets Editores.
6 Brines, F. (1999), *op. cit.*, p.17.
7 *Ibid.*, p.27.

structividad del tiempo por el otro.'[8] Por la terrible desolación que les precedía o tal vez a pesar de ella, yo me repetía a mí mismo las últimas dos estrofas: 'Mirad con cuánto gozo os digo / que es hermoso vivir.' Se volvieron un mantra de despedida, una exaltación de la vida frente a la temporalidad. Y con cada colección que Brines ha publicado después, él me ha hablado como sólo el más compasivo de los poetas es capaz de hacerlo, mientras la única certeza se va acercando: 'Es en la vida todo / transcurrir natural hacia la muerte.'

Brines nunca ha vuelto a Oxford a pesar de que ha dicho... 'Ningún lugar que yo haya visitado ha recibido nunca de mí un adiós definitivo. Y siempre me he alejado con el deseo firme de retornar [...] Allí donde he vivido he gozado del mundo ...'[9] Brines y yo nos hemos encontrado con regularidad a través de los años en Madrid, Valencia y últimamente en Elca, en la campiña valenciana. '[Esta] casa, blanca y grande, situada en un ámbito celeste de purísimo azul, y rodeada de la perenne juventud de los naranjos' es en donde, nos cuenta, 'He experimentado ... la continuidad de todas mis edades, y ya en mi primer libro ... surge con extraña insistencia la contemplación de mi vejez en ella.'[10]

Durante mi última visita era consciente de cómo el título del poema que le daba nombre a su más reciente publicación (1995) *La última costa* (con el cual concluye esta traducción), parecía ser el reflejo del primer poema de Brines que yo había leído. En ambos había un barco, una despedida, la despedida final. Estábamos más allá de la vejez. Cuando me marchaba miré a mi derecha y a través de una puerta entornada vislumbré la venerada máquina de escribir de Brines. No cabían dudas, había un poema en pleno proceso de creación. Seguí mi camino saliendo al encuentro de la fragancia del azahar y me maravillé del amplio valle que se extendía a lo lejos bajando al azul celeste del Mediterráneo. Apenas se percibía la costa. Ésta todavía no era 'la última costa.'

Dejemos que a manera de epílogo, tenga la última palabra el gran poeta del siglo XX y gran amigo de Brines, Vicente Aleixandre, a través de una cita de su discurso de aceptación del Premio Nobel de Literatura de 1977.

El poeta que yo soy tiene, como digo, vocación comunicativa. Quisiera hacerse oir desde cada pecho humano, puesto que, de

---

8 Debicka, A. P. (1982), *obr. cit.*, p.28.
9 Brines, F. (1999), *obr. cit.*, p.51
10 *Ibídem*, p.50.

and the destructiveness of time on the other.'[8] In spite of and perhaps because of the terrible bleakness that preceded them, I would repeat to myself the last two lines: 'See how zestfully I tell you / life is for delighting in.' They became a mantra upon leavetaking, an exaltation of life in the face of temporality. And with each succeeding collection that Brines has published, he has spoken to me as only the most compassionate of poets can as the one certainty approaches: 'In life it is all / to pass as a matter of course towards death.'

Brines has never returned to Oxford although he has since stated, 'No place I have visited has ever received from me a final farewell. I have always left with the firm intention to return [...] Wherever I have lived I have enjoyed the world ...'[9] Brines and I have met regularly over the years in Madrid, Valencia and latterly at Elca in the Valencian countryside. '[This] house, white and big, set in a heavenly spot of purest blue, and surrounded by the everlasting youth of orange groves' is where, he tells us, 'I experienced [...] the sense of continuity through all the stages of my life, and even in my first book there appears a strange insistence on the contemplation of my old age in it.'[10]

On my last visit I was all too conscious of how the title poem of his then (1995) most recent publication *La última costa* [The Final Shore], with which this translation concludes, seemed to mirror the first poem of Brines that I had read. In both there was a boat, a parting, the final parting. We were beyond old age. As I was leaving, I glanced to my right and through a half-open door glimpsed Brines's venerable typewriter. There was no mistaking that there was a poem in progress. I walked on out into the fragrance of orange blossom and marvelled at the wide valley stretching away down to the azure of the Middle Sea. The coastline was just discernible. This was not yet 'the final shore.'

Let the great twentieth-century poet, Vicente Aleixandre, Brines's dear friend, by way of postscript, have the last word in the form of an extract from his 1977 Nobel Prize for Literature acceptance address.

A poet of my kind has what I would call a communicative vocation. He wants to make himself heard within each human

---

8 Debicka, A. P. (1982), *op. cit.*, p.28.
9 Brines, F. (1999), *op. cit.*, p.51.
10 *Ibid.*, p.50.

alguna manera, su voz es la voz de la colectividad, a la que el poeta presta, por un instante, su boca arrebatada. De ahí la necesidad de ser entendido en otras lenguas, distintas a la suya de origen. La poesía sólo en parte puede ser traducida. Pero desde esa zona de auténtico traslado, el poeta hace la experiencia, realmente extraordinaria, de hablar de otro modo a otros hombres y de ser comprendido por ellos.[11]

Esperemos que el 'eximio poeta' que Francisco Brines es, acepte estas traducciones como una suerte de reconocimiento, aun cuando inadecuado, al don de humanidad de su extraordinaria obra.

Rufus Gunn

---

11 Aleixandre, V. (1977) Discurso de Aceptación, Premio Nobel de Literatura, 12 de diciembre, 1977. La Fundación Nobel. http://nobelprize.org/

breast since his voice is in a way the voice of the collective, the collective to which the poet lends for a moment his passionate voice. Hence the necessity of being understood in languages other than his own. Poetry can only in part be translated. But from this zone of authentic interpretation the poet has the truly extraordinary experience of speaking in another way to other people and being understood by them.[11]

It is to be hoped that the esteemed poet that is Francisco Brines will accept these translations as some sort of acknowledgment however inadequate of the gift to humanity of his extraordinary œuvre.

Rufus Gunn

---

11 Aleixandre, V. (1977) Nobel Lecture, Nobel Prize for Literature, December 12, 1977. The Nobel Foundation. http://nobelprize.org/

ELCA

A Juan Bautista Bertrán

Ya todo es flor: las rosas
aroman el camino.
Y allí pasea el aire,
se estaciona la luz,
y roza mi mirada
la luz, la flor, el aire.

Porque todo va al mar:
y larga sombra cae
de los montes de plata,
pisa los breves huertos,
ciega los pozos, llega
con su frío hasta el mar.

Ya todo es paz: la yedra
desborda en el tejado
con rumor de jardín:
jazmines, alas. Suben,
por el azul del cielo,
las ramas del ciprés.

Porque todo va al mar:
y el oscuro naranjo
ha enviudado en su flor
para volar al viento,
cruzar hondas alcobas,
ir adentro del mar.

Ya todo es feliz vida:
y ante el verdor del pino,
los geranios. La casa,
la blanca y silensiosa,
tiene abiertos balcones.
Dentro, vivimos todos.

Porque todo va al mar:
y el hombre mira el cielo
que oscurece, la tierra
que su amor reconoce,
y siente el corazón
latir. Camina al mar,
porque todo va al mar.

ELCA

To Juan Bautista Bertrán

Now all is blossom: the roses
perfume the pathway.
And the breeze takes a stroll down it,
the light stands still,
and my eyes graze upon
light, blossom, breeze.

For everything goes seawards:
and a long shadow falls
from the silver hills,
treads on the little orchards,
seals the wells' lids, reaches
with its chill out to sea.

Now all is peace: ivy
overflows the rooftop
with a rustle of garden:
jasmines, wings. Up into
the sky's blue climb
the cypress branches.

For everything goes seawards:
and the orange tree in shade
stands widowed in its blossom
to fly with the wind,
crossing deep bedchambers
to plunge into the sea.

Now all is happy life:
and set against the pine's green,
the geraniums. The house,
the white one, soundless,
has its balconies open.
Within, we are all living.

For everything goes seawards:
and man looks at the sky
darkening, at the earth
his love holds dear,
and feels his heart
beating. His path takes him seawards,
for everything goes seawards.

ENCUENTRO EN LA PLAZA

Estaban en la plaza, rodeados
por la luz inclinada de la tarde,
cerca de las estatuas.
Los jóvenes, tendidos junto al muro,
sumíanse en el tiempo.
Y él se sentó debajo de los arcos,
en la primera grada.
Con el pecho latiendo,
miraba con los ojos encendidos
la inquieta cercanía de los otros.

Más allá de las aves y las torres,
cubriendo los abismos,
ascendía la sombra de la tierra.
Le miraron, y el golpe
vivo del corazón
hizo entreabrir la suavidad del labio
en tímida sonrisa,
en hermosas palabras de amistad.

Hablaban los dos jóvenes,
y otro después, y pronto se agruparon
todos los extranjeros de la plaza
alrededor, visibles a la luna,
con los distintos rasgos de su origen.
Hablaban con amor
de sus lejanos reinos, y olvidaban
la sigilosa huida del hogar,
el deseado encuentro con la tierra
de la esquiva alegría.

La emoción del recuerdo fue quemando
su errante corazón,
y al encontrarse solo, ya en el alba,
se durmió envejecido y misterioso.

MEETING IN THE SQUARE

They were out in the square, ringed
by the slanting light of late afternoon,
close by the statues.
The young men, lying by the wall,
were immersed in time passing.
And he sat down beneath the arches
on the first step.
His heart pounding,
his eyes on fire, he sat there watching
the looming presence of the others.

Past the birds and towers,
screening the chasms,
earth's shadow was rising.
They looked at him, and the vivid
heart's shock
half-opened the softness of lips
into a hesitant smile,
into sweet words of fellowship.

The two youths began talking,
and then another, and before long all the foreigners
scattered about the square
came together, visible in moonlight,
each with the distinctive features of his birthplace.
They spoke lovingly
of their far-off kingdoms, forgetting
their stealthy flight from home,
their wished-for arrival in the land
of elusive happiness.

The feeling of this memory went on burning
his roving heart,
and on finding himself alone, the dawn by then up,
he fell asleep much older and unfathomed.

JUEGOS EN LA ORILLA

Iban por la orilla del río
a las afueras de la ciudad maravillosa,
debajo de las vegetales jaulas de los pájaros
enloquecidos por el sol.
Lentas viajaban las barcas
por la sombra morada de las rocas,
y el salto de algún cuerpo
resplandecía al aire de la siesta.
Marchaban amistosos,
oyendo la frescura de los remos
cerca tal vez, lleno el pecho de vino,
turbios los ojos de pereza.

Se detuvieron en un prado
que dormido nacía de la orilla,
en donde los muchachos abundaban
y multitud de perros.
Fueron llamados a jugar,
fue muy alegre el baño,
y el descanso de los cuerpos tendidos.
Con las horas
se iba alejando la alegría,
y el grupo, ya disperso,
vagaba indiferente.
Callados, contemplaban los jóvenes
la viva algarabía de los perros,
el misterio de la tierra apagándose.

Al regresar, iban hablando
palabras de oscuro sufrimiento.

GAMES BY THE RIVERBANK

They went out along the riverbank,
at the outskirts of the astounding city,
under the leafed cages of birds
unhinged by the sun.
Small boats were cruising
through the purple shadow of the rocks
and a body leapt out,
glistening in the sleepy afternoon air.
They walked companionably,
hearing the coolness of the oars
nearby perhaps, spirits brimful with wine,
eyes muddied by sloth.

They halted in some grassland,
a fallow outgrowth of bank,
where youths would hang out
and packs of dogs.
They were called over to play:
the sheer joy of the swim,
and bodies sprawled out to rest.
Hours slipped past
and so too did joyfulness,
and the group, in ones and twos,
started to drift off.
The youths, hushed, were left looking on
the dogs' keen yawping,
as earth's mystery began fading.

Making their way back, they spoke the while
in words of half-glimpsed misery.

LOS SIGNOS DESVELADOS

Subí hasta la colina
para mirar el ancho
río, la ciudad rosa,
los montes de cipreses,
mientras caía el sol.

Era fiesta; los grupos
bajaban de la luz
con alegría, voces
altas, felices. Libres,
regresaban al valle.

Y advertí que un extraño,
con los ojos muy fijos,
miraba el sol. Las torres
eran pavesas ya
del aire, miradores
de un fuego muy oscuro.
Temblaban los cipreses
en la línea del monte,
mientras yacía el río
ya quemado. Muy lejos
se perdían las voces.

También era extranjero.
Se acercó a un árbol,
y arrancando unas hojas
de laurel,
avanzó por el parque.
Y desvelé el misterio
de su quieta mirada:
en todos los lugares
de la tierra,
el tiempo le señala
al corazón del joven
los signos de la muerte
y de la soledad.

THE SIGNS UNVEILED

I climbed to the headland
to look at the river's
expanse, the rose-coloured city,
the hills of cypresses,
as the sun was setting.

It was *fiesta*; the groups
came out of the light
joyful and clamorous.
Free, they made their way
back to the valley.

And I spotted an outsider
with steadiest of eyes
staring sunwards. The towers
were hot ash now
in the air, lookouts
of a very dark fire.
Cypresses shimmered
on the crest of the hill,
while the river spread out
scorched now below. Far away
voices were fading.

He was not from these parts.
He went up to a tree
and, snatching a few leaves
of laurel,
pressed on through the park.
With that I unveiled the mystery
of his motionless stare:
in all the places
across the earth
time points out
to the young man's heart
the signs of death
and of loneliness.

OSCURECIENDO EL BOSQUE

Toda esta hermosa tarde, de poca luz,
caída sobre los grises bosques de Inglaterra,
es tiempo. Tiempo que está muriendo
dentro de mis tranquilos ojos,
mezclándose en el tiempo que se extingue.
Es en la vida todo
transcurrir natural hacia la muerte,
y el gratuito don que es ser, y respirar,
respira y es hacia la nada angosta.

Con sosegados ojos miro el bosque,
con tal gracia latiendo
que me parece un soplo de su espíritu
esa dicha invisible que a mi pecho ha venido.
Cual se cumple en el hombre
también se ha de cumplir la vida de la tierra;
la débil vecindad que es realidad ahora,
distancia tenebrosa será luego,
toda será negrura.

Miro, con estos ojos vivos, la oscuridad del bosque.
Y una dicha más honda llega al pecho
cuando, a la soledad que me enfriaba,
vienen borrados rostros, vacilantes
contornos de unos seres
que con amor me miran, compañía demandan,
me ofrecen, calurosos, su ceniza.
Cercado de tinieblas, yo he tocado mi cuerpo
y era apenas rescoldo de calor,
también casi ceniza.
Y he sentido después que mi figura se borraba.

Mirad con cuánto gozo os digo
que es hermoso vivir.

THE DARKENING WOOD

The whole of this splendid afternoon, with meagre light,
fallen over the grizzled woods of England,
is time passing.
        Passing time that is dying
within my unblinking eyes,
blending into the time that is dying out.
In life it is all
to pass as a matter of course towards death,
and the gratuitous gift which is being, and breathing,
takes breath and is, en route to cribbed nothingness.

Calm-eyed, I look upon the wood,
it rustles so gracefully
and that hidden joy that has sidled into my breast
seems like a breath blown from its spirit.
As it takes its course in the life of man
so too must earth's life take its course;
what is real at this moment, the tenuous closeness,
will later become a gloomy distance,
all pitched in blackness.

I look, with these living eyes, upon the wood's darkness.
And a deeper joy enters my breast
when, into the erstwhile chilling loneliness,
blurred faces come, uncertain
shapes of some fellow creatures
who look upon me tenderly, invite companionship,
offer me, warmly, their ashes.
Shadows on all sides, I felt my own body:
scarcely the heat of embers left,
likewise nearly ashes.
Then it was I felt my edges being rubbed away.

See how zestfully I tell you
life is for delighting in.

MERE ROAD

A Felicidad Blanc

Todos los días pasan,
y los reconozco. Cuando la tarde se hace oscura,
con su calzado y ropa deportivos,
yo ya conozco a cada uno de ellos, mientras suben en grupos
o aislados,
en el ligero esfuerzo de la bicicleta.
Y yo los reconozco, detrás de los cristales de mi cuarto.
Y nunca han vuelto su mirada a mí,
y soy como algún hombre que viviera perdido en una casa de
    una extraña ciudad,
una ciudad lejana que nunca han conocido,
o alguien que, de existir, ya hubiera muerto
o todavía ha de nacer;
quiero decir, alguien que en realidad no existe.
Y ellos llenan mis ojos con su fugacidad,
y un día y otro día cavan en mi memoria este recuerdo
de ver cómo ellos llegan con esfuerzos, voces, risas, o pensa-
    mientos silenciosos,
o amor acaso.
Y los miro cruzar delante de la casa que ahora enfrente construyen
y hacia allí miran ellos,
comprobando cómo los muros crecen,
y adivinan la forma, y alzan sus comentarios
cada vez,
y se les llena la mirada, por un solo momento, de la fugacidad
    de la madera y de la piedra.

Cuando al vida, un día, derribe en el olvido sus jóvenes edades,
podrá alguno volver a recordar, con emoción, este suceso mínimo
de pasar por la calle montado en bicicleta, con esfuerzo ligero
y fresca voz.
Y de nuevo la casa se estará construyendo, y esperará el
    jardín a que se acaben estos muros
para poder ser flor, aroma, primavera,
(y es posible que sienta ese misterio del peso de mis ojos,
de un ser que no existió,
que le mira, con el cansancio ardiente de quien vive,
pasar hacia los muros del colegio),

MERE ROAD

To Felicidad Blanc

Every day they go past,
and I can make them out. As evening dark draws in,
by their sports gear, footwear,
I now know each one of them, as they climb in groups
or one by one,
with a gentle push on their bikes.
I can make them out, from this side of the window panes of my room.
And my gaze has never been returned,
I'm like a man who might be living lost inside a house of some
     strange city,
a far-off city they have never ventured to,
or someone who, as far as existing's concerned, might already be dead
or yet to be born;
to put it plainly, someone who is really non-existent.
Their fleeting passage fills my eyes
and day after day they score this trace upon my memory:
seeing the way they heave into view, with voices, laughter, or
     in quiet thought,
or love maybe.
I watch them cut across the house going up opposite,
they glance towards it,
checking by how much the walls are rising,
guessing at the finished shape, pitching their comments in
on cue,
and their eyes are filled, just for an instant, with the fleeting
     passage of wood and stone.

When life, one day, tears down to oblivion their early years,
one of them will again recall, feelingly, this minimal occurrence
of passing along the road, mounted on a bike, with a gentle push,
and fresh in voice.
And the house will be going up once more, and the garden again
     waiting for these walls to be finished
to become flower, scent, springtime,
(and perhaps this one will feel that mysterious weight of my eyes,
of someone who was non-existent,
watching him, with the fervent weariness of one alive,
pass by the college walls),

y al recordar el cuerpo que ahora sube
solo bajo la tarde,
feliz porque la brisa le mueve los cabellos,
ha cerrado los ojos
para verse pasar, con el cansancio ardiente de quien sabe
que aquella juventud
fue vida suya.
Y ahora lo mira, ajeno, cómo sube
feliz, encendiendo la brisa,
y ha sentido tan fría soledad
que ha llevado la mano hasta su pecho,
hacia el hueco profundo de una sombra.

and upon remembering his body climbing now
by itself in the evening air,
happy because the breeze is lifting his hair,
he has shut his eyes
to see himself pass by, with the fervent weariness of one aware
that that youthfulness
was *his* life.
He watches from a distance now, how happily
he's climbing, quickening the breeze,
and he has felt such a chill of loneliness
he has raised his hand up to his chest,
towards a shade's deep hollow.

CENIZA EN OXFORD

Os miro
y veo despojados vuestros jóvenes cuerpos,
y apenas reconozco vuestras antiguas diferencias.
Sólo algún diente de metal, porque aquellas sonrisas
se han transformado en el horror de un bostezo profundo.
Tampoco reconozco la distinción de vuestra raza,
hecha de timidez y de rapiña,
mientras mi voz os suena funeral, en la distancia breve
que va de un esqueleto a otro esqueleto.
Porque os hablo de un muerto,
de alguien que está alojado en la humedad perpetua,
y no es verdad que esté más vivo que nosotros,
como pretendo aseguraros.
Cae ceniza detrás de las ventanas,
muertas hojas sin savia, y el espectro del cielo
sin color.

(Tan sólo un poderoso cadáver que soñara
nos pudiera crear de esta manera.)

ASH IN OXFORD

I look at you
and see your youthful bodies stripped to the bone
and hardly recognise your time-honoured differences.
Only some metal tooth, for now those smiles
have turned into the dread of a deep yawn.
Nor do I recognise the marks of your race,
shaped both by reticence and pillage,
as my voice tolls like the dead bell, in the brief space
between one skeleton and another.
Because I speak to you of someone dead,
of someone dwelling in dankness without end,
and it's untrue that he is more alive than we are,
as I'm striving to assure you.
Ash is falling outside the windows,
dead sapless leaves, and the spectre of a sky
void of colour.

(We are such things as might be dreamed of
only by a mighty corpse.)

OTOÑO INGLÉS

A Carmen Bravo Villasante

No para ver la luz que baja de los cielos,
incierta en estos campos,
sino por ver la luz que, del oscuro centro de la tierra,
a las hojas asciende y las abrasa.
Yo no he salido a ver la luz del cielo
sino la luz que nace de los árboles.
Hoy lo que ven mis ojos
no es un color que a cada instante muda su belleza,
y ahora es antorcha de oro,
voraz incendio, humareda de cobre,
ola apacible de ceniza.
Hoy lo que ven mis ojos
es el profundo cambio de la vida en la muerte.
Este esplendor tranquilo
es el acabamiento digno de una perfecta creación
más si se advierte
la consunción penosa de los hombres,
tan sólo semejantes en su honda soledad,
mas con dolor y sin belleza.

El hombre bien quisiera que su muerte
no careciese de alguna certidumbre,
y así reflejaría en su sonrisa,
como esta tarde el campo,
una tranquila espera.
              (Belleza del durmiente
que agita imperceptible el mudo pecho
para alzarse después con mayor vida:
como en la primavera los árboles del campo.)
¿Cómo en la primavera...?
No es lo que veo, entonces, trastorno de la muerte,
sino el soñar del árbol, que desnuda
su frente de hojarasca,
y entra así cristalino en la honda noche
que ha de darle más vida.

Es ley fatal del mundo
que toda vida acabe en podredumbre,
y el árbol morirá, sin ningún esplendor,

ENGLISH AUTUMN

To Carmen Bravo Villasante

Not so as to see the light descending from the sky,
fitfully in these fields,
but to see the light which, from the dark centre of the earth,
ascends through the leaves and parches them.
I have not come out to see the light of the sky
but the light that is born of the trees.
Today what my eyes see
is not a colour that at each moment changes its beauty,
and now is a golden torch,
ravenous fire, copper cloud of smoke,
calm wave of ashes.
Today what my eyes see
is the unfathomable change of life into death.
This quiet splendour
is the worthy finishing touch to a perfect creation,
more if one is aware
of men's painful wasting away,
so alike only in their deep solitude,
yet woeful and devoid of beauty.

Man would dearly love that his death
should not feel the want of any certainty,
and he would thus show in his smile,
like the landscape this afternoon,
a tranquil expectation.
                    (Beauty of the sleeper
who rouses imperceptibly his dumb breast
to arise afterwards with stronger life;
as in spring the trees of the countryside.)
How in spring …?
What I see, then, is not death's alteration,
but the dreaming of the tree, which strips bare
its brow full of dead leaves,
and so enters shining into the deep night
which will give it more life.

The world's unavoidable law
is that all life ends in corruption,
and the tree will die, shorn of magnificence,

ya el rayo, el hacha o la vejez
lo abatan para siempre.
En la fingida muerte que contemplo
todo es belleza:
el estertor cansado de las aves,
la algarabía de unos perros viejos, el agua
de este río que no corre,
mi corazón, más pobre ahora que nunca,
pues más ama la vida.

Las rotas alas de la noche caen
sobre este vasto campo de ceniza:
huele a carroña humana.
La luz se ha vuelto negra, la tierra
sólo es polvo, llega un viento
muy frío.
Si fuese muerte verdadera la de este bosque de oro
sólo habría dolor
si un hombre contemplara la caída.
Y he llorado la pérdida del mundo
al sentir en mis hombros, y en las ramas
del bosque duradero,
el peso de una sola oscuridad.

whether lightning, axe or old age
fell it irrevocably.
In the dissembled death I see before me
all is beauty:
the weary croaking of the birds,
the racket of a few old dogs, the water
of this stream that is unflowing,
my heart, poorer now than ever
since it loves life all the more.

    The broken wings of night fall
over this vast landscape of ashes:
it smells of human carrion.
The light has turned black, the earth
is mere dust, a perishing wind
whistles in.
If the death of this golden wood were a true death
there would only be pain
were a man to look upon its downfall.
And I have wept for the loss of the world
while feeling, alike on my shoulders and the branches
of the unyielding wood,
the burden of a singular darkness.

SS. ANNUNZIATA

(Brunelleschi)

El aire de la plaza se entraba por los arcos, y salía con
    sol,
y revolaba en las columnas, aligerando la escasa ropa de los
    niños,
y después se acercaba silencioso a las fuentes, a sus tazas barrocas,
    para romper los surtidores,
y dejaba alegría inocente en muchos rostros
porque los novios, con sus trajes más largos, retrataban allí su
    día más feliz.
Se sucedían las parejas, los coches, y el sol de agosto era
    más fuerte,
y desmayaba el aire,
y en las enjutas de los arcos volvían a vestir los niños
    sus pañales,
y eran más numerosos cada vez.
Un caballero cabalgaba, feliz en la armonía de la plaza,
portador de palomas.

Y de repente vino, por la abierta ventana,
un aire de otro siglo,
y se posó tranquilo en nuestros cuerpos sudorosos.
Miré tu sólida cabeza adolescente, los arcos en la luz,
y vi la vida en ti,
con el destello de lo que sólo vive en el presente.

Los arcos en la luz, el prodigio de un arte que apareciera
    aquí por vez primera,
el favorable juicio de la historia,
todo aquello que acaso sobreviva al corazón del hombre,
era limosna pobre para los demás,
porque latías.

Y una mañana abandonamos la hermosa plaza del amor,
y no quisimos retener la luz de la ciudad de los palacios,
y cruzamos su río detenido en el fuego
para iniciar nuestro viaje.

(He escarbado el olvido, y husmeando el amor
por el desván oscuro de mi vida,
he vuelto a recordar un tiempo fallecido.)

SANTISSIMA ANNUNZIATA

(Brunelleschi)

The wind in the piazza made its way in through the arches,
    and out into the sunlight,
and fluttered on the columns, lightening the skimpy garments of
    the infants,
and then sidled up to the fountains silently, to its baroque bowls,
    to break upon the spouts,
and it brought playful happiness to many a face
for the newly-weds, in their formal attire, were being portrayed
    there on their happiest day.
One after another came the couples, the cars, and the August
    sun grew stronger,
and the wind began to droop,
and in the spandrels of the arches the infants were dressed again
    in their swaddling clothes,
and they grew in number each time.
A horseman rode forth, happy in the harmony of the piazza,
a carrier of pigeons.

And suddenly there came, though the open window,
a wind from another century,
and it came to rest calmly on our sweaty bodies.
I looked at your firm adolescent head, at the arches in sunlight,
and I saw life in you,
with the gleam of that which has its life only in the present.

The arches in sunlight, the wonder of an art that would make its
    first appearance here,
history's favourable verdict,
all that which may survive in the heart of man,
was poor alms for the rest,
because your heart was beating.

And one morning we left for good the beautiful piazza of love,
not wanting to hold on to the light of this city of palazzi,
and we crossed its river captured in fire,
to start upon our journey.

(I have raked oblivion, and sniffing out love
through the pitch-dark attic of my life,
I have remembered again a time passed away.)

43

CAUSA DEL AMOR

A Detlef Klugkist

Cuando me han preguntado la causa de mi amor
yo nunca he respondido: Ya conocéis su gran belleza.
(Y aún es posible que existan rostros más hermosos.)
Ni tampoco he descrito las cualidades ciertas de su espíritu
que siempre me mostraba en sus costumbres,
o en la disposición para el silencio o la sonrisa
según lo demandara mi secreto.
Eran cosas del alma, y nada dije de ella.
(Y aún debiera añadir que he conocido almas superiores.)

La verdad de mi amor ahora la sé:
vencía su presencia la imperfección del hombre,
pues es atroz pensar
que no se corresponden en nosotros los cuerpos con las almas,
y así ciegan los cuerpos la gracia del espíritu,
su claridad, la dolorida flor de la experiencia,
la bondad misma.
Importantes sucesos que nunca descubrimos,
o descubrimos tarde.
Mienten los cuerpos, otras veces, un airoso calor,
movida luz, honda frescura;
y el daño nos descubre su seca falsedad.

La verdad de mi amor sabedla ahora:
la materia y el soplo se unieron en su vida
como la luz que posa en el espejo
(era pequeña luz, espejo diminuto);
era azarosa creación perfecta.
Un ser en orden crecía junto a mí,
y mi desorden serenaba.
Amé su limitada perfección.

REASON FOR LOVE

To Detlef Klugkist

When people asked me the reason for my love
I never replied it was your 'well-known stunning looks'.
(More handsome countenances may exist, it's possible.)
Nor did I regale them with certain qualities of your spirit
made ever manifest to me in your idiosyncrasies,
whether in the penchant for silence or a smile,
depending on what my sealed lips asked for.
These were affairs of the soul, and of that I said nothing.
(And I've known souls who were superior, I should add.)

The truth of my love I now know:
your presence overcame man's imperfection,
since it is a wretched thought
that there is no fit between bodies and souls in us,
hence bodies destroy the spirit's grace,
its clarity, the sorrowful flower of experience,
goodness itself.
Important realisations we never discover,
or discover late.
Bodies feign, other times, an airy heat,
restless light, deep freshness;
and injury discovers to us their dry deception.

The truth of my love, let it be known now:
matter and breath came together in your life
as the light that settles gently on the mirror
(the light was small, the mirror tiny);
an achievement as fortuitous as it was perfect.
A being in harmony grew by my side,
and my disharmony was the quieter.
I loved your limited perfection.

LA PERVERSIÓN DE LA MIRADA

La niña,
con los ojos dichosos,
iba – rodeada
de luz, su sombra por las viñas –
a la mar.
Le cantaban los labios,
su corazón pequeño le batía.
Los aires de las olas
volaban su cabello.

Un hombre, tras las dunas,
sentado estaba,
al acecho del mar.
Reconocía la miseria humana
en el gemido de las olas,
la condición reclusa de los vivos
aullando de dolor,
de soledad, ante un destino ciego.
Absorto las veía
llegar del horizonte, eran
el profundo cansancio del tiempo.

Oyó, sobre la arena,
el rumor de unos pies
detenidos.
Ladeó la cabeza, pesadamente
volvió los ojos:
la sombría visión que imaginara
viró con él, todavía prendida,
con esfuerzo.
Y el joven vio que el rostro
de la niña
envejecía misteriosamente.

Con ojos abrasados
miró hacia el mar: las aguas
eran fragor, ruina.
Y humillado vio un cielo
que, sin aves, estallaba de luz.
Dentro le dolía una sombra
muy vasta y fría.
Sintió en la frente un fuego:
con tristeza se supo
de un linaje de esclavos.

PERVERSION OF THE GAZE

The young girl,
eyes brimming with happiness,
went walking – enclosed
by light, her shadow by the vineyards –
out to the sea.
Her lips were singing to her,
her small heart was beating.
The breezes from the waves
lifted her tresses.

A man, behind the dunes,
was seated,
lying in wait for the sea.
He recognised human misery
in the moaning of the waves,
the captive state of the living
howling with pain
and loneliness before a blind destiny.
Absorbed in thought, he saw them
coming from the horizon, they were
the deep weariness of time.

He heard, on the sand,
the sound of footsteps
stopping.
He cocked his head, heavily
turned his eyes:
the dark vision which he conjured
turned round with him too, still fastened,
forcefully.
And the young man saw that the face
of the young girl
was ageing unaccountably.

With burning eyes
he looked out to sea: the waters
were uproar, ruin.
And humbled he saw a sky
that, birdless, was exploding with light.
Within, a vast and cold
shadow grieved him.
He felt a fire in his brow:
sadly he realised
he came from a line of slaves.

EL MENDIGO

A Ángel González

Extraño, en esta noche, he recordado
una borrada imagen. El mendigo
de mi niñez, de rostro hirsuto, torna
desde otro mundo su mirada dura.
Llegaba al mediodía, y un gruñido
de animal viejo le anunciaba. (Toda
la casa estaba abierta, y el verano
llegaba de la mar.) Andaba el niño
con temor a la puerta, y en su mano
depositaba una moneda. Era
hosca la voz, los ojos fríos de odio,
y sentía un gran miedo al acercarme,
la piedad disipada. Violenta
la muerte me rondaba con su sombra.
Sólo después, al ver a los mayores
hablar indiferentes, ya de vuelta,
se serenaba el pecho. Me quedaba
cerca de la ventana, y frente al mar
recordaba las sombrías historias.

Esta noche, pasado tanto tiempo,
su presencia terrible y misteriosa
me ha desvelado el sueño. Ningún daño
he sufrido de aquella voluntad,
y el hombre ya habrá muerto, miserable
como vivió. Aquellos años, otros
muchos mendigos iban por las casas
del pueblo. Todos, sin venganza, yacen.
Los extinguió el olvido. Vagas, rotas,
surgen sus sombras; la memoria turba
un reino frío y solitario y vasto.
Poderosos, ahora me devuelven
la mísera limosna: la piedad
que el hombre, cada día, necesita
para seguir viviendo. Y aquel miedo
que de niño sentí, remuerde ahora
mi vida, su fracaso: un anciano
me miraba con ojos inocentes.

THE BEGGAR

Startled, tonight I recalled
a blurred image. The beggar
of my childhood, with rugged features, turns round
from another world his hard stare.
He would turn up at midday, announced
by an old animal's growl. (The whole
house lay open, and summer
was coming in from the sea.) The young boy walked
fearfully towards the door, and in his hand
he would deposit a coin. That voice
was sullen, those eyes cold with hatred,
and a great fear gripped me as I drew close,
all pity dispelled. Violent
death engulfed me in its shadow.
Only afterwards, when I saw the grown ups
talking of this and that, back inside,
did my heart stop pounding. I stuck
by the window, and looking out to sea
recalled ghastly tales of long ago.

Tonight, after so much time,
his terrible and enigmatic presence
has kept me from sleep. I suffered
no harm from that deed,
and the man must have died by now, as wretchedly
as he lived. In those years several
other beggars went from house to house
in the village. All, without rancour, are laid to rest.
Oblivion snuffed them out. Formless, broken,
their shadows arise; memory disturbs
a kingdom that is cold and solitary and vast.
Powerful, they now return to me
those pitiable alms: the compassion
which man, each day, needs
to carry on living. And that fear,
which as a child I felt, haunts now
my life, its failure: an aged man
was looking at me with innocent eyes.

49

MUERTE DE UN PERRO

A Jacobo Muñoz

    Llegando a la ciudad
pude ver que asaltaban los muchachos al perro
y le obligaban, confundidos los gritos y el aullido, a deshacer el
        nudo con el cuerpo del otro,
y la carrera loca contra el muro,
y la piedra terrible contra el cráneo,
y muchas piedras más.
Y vuelvo a ver aquel girar
de súbito, todo el espanto de su cuerpo,
su vértigo al correr,
su vida rebosando de aquel cuerpo flexible,
su vida que escapaba por los abiertos ojos,
cada vez más abiertos
porque la muerte le obligaba, con su prisa iracunda,
a desertar de dentro tanta sustancia por vivir,
y por el ojo sólo tenía la salida;
porque no había luz,
porque sólo llegaba tenebrosa la sombra.

    Allí entre los desechos
de aquel muro de inhóspito arrabal
quedó tendido el perro;
y ahora recuerdo su cabeza yerta
con angustia imprevista:
reflejaban sus ojos, igual que los humanos,
el terror al vacío.

DEATH OF A DOG

To Jacobo Muñoz

Coming into the city
I could see the boys had set upon the dog,
forcing it, amid a welter of shouts and howling, to sever the knot
    with the other dog's body,
the mad dash against the wall,
the awful stone against the skull,
and several stones besides.
And I see once again that convulsed
twisting, the whole body given up to fright,
its giddiness from racing,
its life throbbing from that supple body,
its life slipping away through open eyes,
each time prized open wider
for death was forcing it, with its furious haste,
to forfeit from within so much stuff of life,
and via the eye was the only outlet;
for there was no light,
for only the shadow was close to, darkly.

There, amid the waste
of that wall of a desolate slum
the dog lay stretched out;
and now I recall its head, stock still,
with unexpected anguish:
its eyes reflected, the same as humans',
the terror of emptiness.

MUROS DE AREZZO

A Francisco Nieva

Dentro de aquella descarnada iglesia
la nave era una sombra, cuyo aliento
era un vaho de siglos, y en la hondura
vimos la luz sesgando el alto muro.
Y el sueño humano allí, con los colores
del más ardiente engaño, las cenizas
del deseo de un hombre sepultadas
en árbol, en corcel, séquito o ángel.
No puso fantasía ni invención:
sobre la faz del hombre y de la tierra
dejó el orden debido; y admiramos
no la belleza física, la imagen
de nuestra carne serenada. Suma
de perfección es la cabeza humana,
sin fuego de alegría y sin tristeza;
ni altiva ni humillada bajo el arco
del aire azul, tan quieta la mirada
que deja a los caballos sin instinto,
sin crecimiento natural al árbol.

Se nos narra una historia de este mundo;
el pretexto remoto de unos seres
como nosotros mismos, mas sabemos
que el bien y el mal aquí no son pasiones.
La pintada pared nos muestra el sueño
que abolió nuestra escoria: son iguales
el moribundo y el que ama, reyes
y palafreneros, montes o lanzas,
la desnudez y el atavío, sol
o noche, los piadosos y el guerrero,
la sed y la coraza, quien vigila
y el dormido en la tienda, la señora
y sus damas, el estandarte rojo
y el sepulcro, el joven y el anciano,
la indiferencia y el dolor, el hombre
y Dios.

WALLS OF AREZZO

To Francisco Nieva

Within that fleshless church
the nave was a shadow, whose breath
was a scent of centuries, and in the depths
we saw the light cutting across the high wall.
And the human dream there, in colours
of the most passionate illusion, the ashes
of a man's desire entombed
in tree, steed, retinue or angel.
He added neither fantasy nor invention:
on the face of man and of the earth
he left behind due order; and we marvelled
not at the physical beauty, the image
of our quietened flesh. The pitch
of perfection is the human head,
free of the fire of joy and of sorrow;
neither haughty nor bowed down beneath the arch
of the blue sky, so still the gaze
that it leaves on the uninstinctive horses,
on the tree of no natural growth.

What's being told us is a story of this world;
the far-off pretext of some beings
like us ourselves, except we know
that good and evil are not passions here.
The decorated wall shows us the dream
which our dregs cancelled out: they are equal,
the one dying and the one loving, kings
and grooms, hills or spears,
nakedness and finery, sun
or night, the pious and the warrior,
thirst and cuirass, the one keeping watch
and the sleeper in his tent, the lady
and her handmaidens, red standard
and sepulchre, the young man and the aged,
indifference and pain, man
and God.

Enamorado alguna vez
y haciendo realidad el viejo sueño
de una mejor naturaleza, quiso
la perfección. Recordando el amor,
la dicha mantenida, sus pinceles
conservaron los hábitos y gestos
terrenales, copió la vida toda,
y a semejanza de él, aunque visible,
un aire hermoso y denso allí respiran
logrando un orden nuevo que serena:
feliz, sin libertad, vive aquí el hombre.

In love's thrall then
and the time-honoured dream realising
a finer nature, he longed for
perfection. Remembering love,
that sustained happiness, his brushes
preserved the habits and gestures
of this earth, he copied all of life,
and in his likeness, albeit visible,
they breathe there a sweet, heavy air
achieving a new order that brings quietude:
happily lives man here, dispossessed of freedom.

EL OTOÑO DE LAS ROSAS

Vives ya en la estación del tiempo rezagado:
lo has llamado el otoño de las rosas.
Aspíralas y enciéndete. Y eschucha,
cuando el cielo se apague, el silencio del mundo.

THE AUTUMN OF THE ROSES

You are living now in the season of time the straggler:
you have called it the autumn of the roses.
Inhale them and be kindled. And listen,
when the sky drains away, to the world's silence.

LOS OCIOS GANADOS

En este día de septiembre en Elca
nada ha pasado, salvo el tiempo de oro
que fallece apacible con la tarde.
Poblado con las sombras más queridas
he ocupado mis sueños frente al mar,
y era un olor de rosas, y un tumulto,
los negros aposentos de mis ojos.
Con tanta levedad, como es su olor,
cayeron dulcemente los jazmines.
Y en este día del septiembre lento
todo es ganado, salvo que he perdido
un día de mi vida para siempre.

Algo ocurrió de extraño, al mediodía:
un estruendo de alas, y un silencio.
A un tiempo seis palomas, las seis blancas,
hirieron de belleza una palmera.
Sólo queda esperar a que la noche
más bella la haga aún, herida de astros.

IDLENESS REWARDED

On this September day in Elca
nothing has happened, save golden time
dying pleasantly in the afternoon.
Inhabited by the dearest shades
I have filled my dreams while looking out to sea,
and it was a scent of roses, and a commotion,
the dark chambers of my eyes.
With such lightness, like their scent,
the jasmines gently tumbled down.
And on this slow September day
all is rewarded, except that I have lost
one day of my life forever.

Something strange happened, at noontide:
a thunder of wings, and a silence.
All at once, six doves, all six of them white,
wounded with beauty a palm tree.
All that's left is to wait for nightfall
to augment that beauty, with a wounding by stars.

LAMENTO EN ELCA

A Antonio Mestre

Estos momentos breves de la tarde,
con un vuelo de pájaros rodando en el ciprés,
o el súbito posarse en el laurel dichoso
para ver, desde allí, su mundo cotidiano,
en el que están los muros blancos de la casa,
un grupo espeso de naranjos,
el hombre extraño que ahora escribe.

Hay un canto de pájaros cercanos
en esta hora que cae, clara y fría,
sobre el tejado alzado de la casa.
Yo reposo en la luz, la recojo en mis manos,
la llevo a mis cabellos,
porque es ella la vida,
más suave que la muerte, es indecisa,
y me roza en los ojos,
como si acaso yo tuviera su existencia.
El mar es un misterio recogido,
lejos y azul,
                y diminuto y mudo,
un bello compañero que te dio su alegría,
y no te dice adiós, pues no ha de recordarte.

Sólo los hombres aman, y aman siempre,
aun con dificultad.
¿Dónde mirar, en esta breve tarde,
y encontrar quien me mire
y reconozca?
Llega la noche a pasos, muy cansada,
arrastrando las sombras
desde el origen de la luz,
y así se apaga el mundo momentáneo,
se enciende mi conciencia.
Y miro el mundo, desde esta soledad,
le ofrezco fuego, amor,
y nada me refleja.

LAMENT IN ELCA

To Antonio Mestre

These fleeting moments of late afternoon,
with a flight of birds toppling through the cypress,
or their sudden settling in the blest laurel
to see, from that spot, their day-to-day world,
in which there figure the white walls of the house,
a dense cluster of orange trees,
the man apart who is now writing.

Birds nearby are in song
at this hour that is setting in, bright and chilly,
over the lofty rooftop of the house.
I take my rest in the sunlight, with cupped hands
I carry it to my hair,
because the light is life,
softer than death, inconstant,
brushing as it does my eyes,
as if maybe I partook of its existence.
The sea is a mystery withdrawn,
far off and blue,
                        and diminutive and dumb,
a handsome friend who bequeathed you his happiness,
and bids you no farewell, since he hasn't to remember you.

Mankind alone loves, and loves always,
even with difficulty.
Where to look, on this short-lived early evening,
and find the one who will return my look
in recognition?
Little by little, wearily, night is approaching,
dragging with it the shadows
from the source of light,
and so the momentary world dies down,
my waking mind is kindled.
And from this solitude I look upon the world,
offer it ardour, love,
and nothing confirms me.

Nutridos de ese ardor nazcan los hombres,
y ante la indiferencia extraña
de cuanto les acoge,
mientan felicidad
y afirmen su inocencia,
                    pues que en su amor
no hay culpa y no hay destino.

Fed by that glowing spirit may mankind be born,
and in the face of the singular indifference
of however much awaits it,
may it feign happiness
and declare its innocence,
                              since there is in its love
nothing of blame and nothing of destiny.

MADRIGAL Y AUTOIMPROPERIO

Si pudiera volver de nuevo a entonces,
sentir subir en mí la primavera
para que me dejara lleno de luz
y joven, como tú eres,
como también yo fui,
te ofrecería, no sólo un cuerpo ágil
y una mirada hermosa y fiel,
sino aquello que en ti estaría sólo:
la turbación de mi presencia.

Y tú no me sabrías con ojos descreídos
e infiel para la vida,
en un otoño extraño, como ahora soy,
con un cuerpo dañado
por los días que mal se han sucedido,
y esto que tanto humilla
y con la edad habrás de conocer:
el sentimiento ingrato de la inseguridad
que acompaña a la dicha.

MADRIGAL AND SELF INSULT

If I could return once again to that time,
to feel rising in me the spring
so that it would leave me full of light
and young, as you are,
as I once was,
I would offer you, not only a supple body
and a gaze that was beautiful and trusty,
but also that which would be in you only:
the disturbance of my presence.

And you would not see me with unbelieving eyes
and untrustworthy for life,
in a strange autumn, as I am now,
with a body broken
by the days which have passed roughly by,
and this fact which is so humiliating
and with age you will come to realise:
the thankless feeling of insecurity
that goes hand in hand with happiness.

ANTES DE APAGAR
LA LUZ

Tras la ventana miras la ciudad en la noche.
Lejos, y en altos edificios,
raras luces te acercan lo extraño de la vida.
Alguien cerró la puerta. El cuerpo alcanzó paz.
Y en esas mismas sábanas
en donde has apagado un resplandor raído
te poblarás de sueño y de reposo.
Mas buscas, y no sabes, a Quién agradecerle
hoy, como ayer, la cena:
                              la sopa boba
de estos fieles pecados rutinarios.

BEFORE TURNING OUT
THE LIGHT

    Behind the window you look at the city at night.
Away in the distance, and in tall buildings,
odd lights bring closer to you what is alien in life.
Someone closed the door. The body attained peace.
And in those same sheets
in which you have turned out a threadbare shining light
you will be peopled by sleep and rest.
But you seek, without knowing, the One to give thanks to,
as ever, for this one meal of the day:

                    thin gruel
of these faithful routine sins.

OBJETO DOMÉSTICO EN MUSEO

Era un espejo egipcio, un óvalo de bronce.
Se asomaron los rostros, uno a uno,
desde quien lo pulió, y su dueña primera.
Los rizos minuciosos de la esposa importante,
finos adolescentes, las doncellas furtivas …
A veces dos, la dicha del amor.

(La pausa sosegada de la muerte,
y el silencio.)

Después quien lo llevó de lo oscuro a la luz.
Lo retornó a la acción.
Curiosos visitantes, más fugaces,
fueron dejando en el borroso espejo
innumerable rostros.
También mi juventud
se inclinó en ese espejo,
y ciegos vio sus ojos en el bronce.
Una misma mirada desde siempre,
desde el remoto origen al fin que sobrevenga.

Frustrada posesión del cuerpo misterioso.
El espejo o el mundo, y nada nos refleja.

HOUSEHOLD OBJECT IN MUSEUM

It was an Egyptian mirror, a bronze oval.
Faces peered from it, one by one,
starting with the one who polished it, and its first mistress.
The painstaking curls of the important wife,
high-born youths, the furtive maids-in-waiting ...
At times two at once, the cheerfulness of love.

(The peaceful pause of death,
and silence.)

Later, the one who brought it from darkness into light,
who restored it to use.
Curious visitors, more fleeting,
came and went, leaving in the blurred mirror
countless faces.
My youth also
lent over into that mirror,
and saw its own eyes sightless in the bronze.
A look that was ever the same,
from its far-off origin to whatever end ensues.

Thwarted possession of the baffling body.
The mirror or the world, and nothing reflects us.

HISTORIAS DE UNA SOLA NOCHE

A José María Vellibre

Fueron encuentros de una sola noche.
Existieron dichosos,
transformaron la carne en fuego y aire,
daban conocimiento.
La tentación nos llama así a la vida
para tocar su piel,
después nos abandona en el misterio
del deseo que acepta consumarse.
Ahora todo es sonido:
es la felicidad que bulle en la mirada.

Desdichados encuentros de una noche
fueron también vividos,
y un áspero sabor tenía el mundo.
Aprendió el rechazado a rechazar.
Mas en estos encuentros hubo siempre
la hermosa tentación,
la sinrazón ardiente de un deseo
que buscaba la vida.

Hay en la mano arena,
¿y quién cuenta los granos, los quiere distinguir
por el color, o mide a cada uno?
Su tacto es leve y tibio, casi frío.
En este atardecer que ya se acaba,
deja caer la arena
en esta playa sola e interminable.
Y mira cómo el mar permanece, y es sólido.

STORIES OF A SINGLE NIGHT

To José María Vellibre

They were encounters of a single night.
They had a blest existence,
they transmuted flesh into fire and air,
they would confer knowledge.
Temptation summons us thus to life
to enter into contact with its skin,
later abandons us in the mystery
of desire that admits fulfilment.
The world is now music:
it is delight we see teeming in the gaze.

Unhappy encounters of just one night
were no less lived to the full,
and the world left a sour taste.
The spurned one was taught to spurn.
But in these encounters there was always
the sweetest temptation,
the burning unreasonableness of a desire
that was in search of life.

Take a handful of sand:
and who counts the grains, wants to tell them apart
by their colour, or weighs each and every one?
It is light and tepid to the touch, all but cold.
In this dusk now drawing to a close,
let the sand drop
on this lonely, endless shore.
And observe the sea, how enduring it is, and unyielding.

METAMORFOSIS
DEL ÁNGEL

En la noche más calma habita el asco.
Y una navaja extiende su única ala de ángel
desapacible, de odio.
La belleza es un vómito; la vida
se cumple en la justicia de no amarla.

Mas los niños, guardados de la noche,
despertarán felices con el sol.
Contempla, en la ancha calle, esas dos alas
que ahora mueven la luz de la ciudad
y hacen dichoso el aire.
Vigila el crecimiento: su belleza
lo aísla en turbiedad. Quema el misterio...

Deslumbran, en su espalda, dos navajas.

METAMORPHOSIS
OF THE ANGEL

In the calmest of nights dwells a sense of disgust.
And a flick knife unfolds its single angel's wing,
disquieting, of hate.
Beauty is a vomit; life
is fulfilled in the justice of not loving it.

But the boys, protected by the night,
will wake happy with the sun.
In the wide street he looks upon those two wings
that now shake the city's light
and gladden the air.
He watches for their spreading: their beauty
sets him apart in cloudiness. The mystery burns ...

Dazzling, there on his back, two flick knives.

LAS CAMPANAS DE ST. PETER IN THE EAST

A José Bento

Escribo en una noche de noviembre.
Y de repente amamos un pasado
por el tañido fiel
de unas campanas que regresan claras,
con sonido visible y sin edad
(y aquella intimidad era mi cuerpo),
bajando por el cobre de una tarde
de antigua primavera.
¡Ay, cuánta soledad y juventud!

Regresa, con la tarde, aquel futuro
de una vida que habría de venir,
que podía ser todo: mar de Grecia
y amor hasta la muerte, fuego y verso.
Valió más el momento de esa tarde
que el pasado venido, hoy que miro
cómo llega, sin luz, otro futuro.
¡Ay, cuánta soledad y juventud
perdidas!
              ¿Quién es el que regresa con los sones
de las campanas de Oxford, quién escucha
romper el cobre ciego de la tarde,
quién mira el mundo así, con tanta vida?
El que mira es mirado desde fuera
de toda primavera, y hubo mar
y hubo amor, pero no hasta la muerte,
y el verso está sin fuego.

El poema regresa hasta el calor
de una tarde arañada, se cobija
de una soledad no amada y dura,
en una tierra extraña palpa vida.
Parece que algo fuera no irreal.

THE BELLS OF ST PETER-IN-THE-EAST

To José Bento

I am writing on a night in November.
And suddenly we loved a past
for the faithful ringing
of certain bells that come back clearly,
with a sound that is visible and ageless
(and that intimacy was my body),
descending through the copper of an evening
of an erstwhile spring.
Ah, how much solitude and youth!

In the wake of the evening, that future
of a life that was to come,
that might have been all, comes back: Aegean sea
and love unto death, passion and poetry.
The moment of that evening was worth more
than the past that came, now that I see
how another future, void of light, approaches.
Ah, how much solitude and youth
gone forever!
        Who is the one coming back with the sound
of Oxford bells, who is it listening
to the blind copper of evening breaking,
who is it looking upon the world so, with such life?
The one looking is looked upon from beyond
every spring, for there was sea
and there was love, but not unto death,
and the poetry's passion is all spent.

The poem comes back to the warmth
of an evening scraped together, lodges
in a solitude unloved as it is harsh,
in a foreign land it gropes for life.
Something, as it were, was not unreal.

CANCIÓN DE AMOR CON LA VENTANA ABIERTA

Cuando llega la primavera
hay revuelo de sábanas
blancas, y la ventana abierta
a la tarde que pasa,
y entran gritos distantes, negras
horas que, arriba, llaman
con puntos blancos, luego llegan
muchas pequeñas llamas,
y hay un rumor de carne ciega,
ya de todo olvidada
menos de sí, y quedan huellas
húmedas en las sábanas,
y es la vida que bella rueda,
se aboca así a la nada,
pues todo es noche, huellas secas,
olvido en la mañana.

LOVE SONG WITH THE WINDOW OPEN

With spring's arrival
white sheets are fluttered,
the window is opened
to afternoon's passing,
distant cries enter,
dark hours aloft that
call with white dots,
then come many small flames,
there's a murmur of blind flesh,
forgotten by all now
but itself, and still traces
of dampness on sheets,
and it's life spins with beauty,
winds up in nothingness,
then all's night, dried traces,
oblivion by morrow.

VIAJE POR EL NILO

A Octavio Paz

En el reposo de la luz los ibis
golpean el silencio,
y llevan al oasis la frescura del río.
Son grandes flores blancas palpitando en las ramas,
son sus cuerpos las lentas alas puras de la vida.
Surge intacta la belleza del mundo,
eterna como el Tiempo, y Él descansa
en la contemplación ardiente de sí mismo.

Los hombres, en la orilla, hacen sueño la acción:
existen y se borran, son silencio.
Y aparece un muchacho que recoge las redes,
y luego soledad,
y un hombre ha conciliado la sombra y el descanso,
se adentra en las palmeras un anciano y un asno, van
        pacientes,
y regresa una pausa,
                    chilla un ave (y se calla),
hay mujeres lavando, desde siglos, las ropas.
¿Es esto Realidad? Piensan los hombres
las cosas que ahora ven (como si acaso
ya de ellos no lo fueran).
No existe acción: sólo un vuelo de pájaros, y el descender
        del río.
La vela va en el cielo sin rasgarlo.

Los hombres sólo existen para ser contemplados por
        la mirada blanca de la luz,
y si mi oscuro y único ojo
                    ahora les contempla
es también contemplado.
Un sueño esta soñando los sueños de los otros.
Y todo al fin será desvanecido.
Y ahora el Nilo, que es espejo de fuego, recuerda aquel
        sonar del vuelo de los ibis,
y unas voces, cercanas e invisibles, han poblado las sombras
        de la orilla. Y envejezco.

También oigo cantar, en mis sordos oídos, los pájaros
        de luz que nunca han de nacer.

TRIP ALONG THE NILE

To Octavio Paz

In the light's restfulness the ibises
beat against the silence,
and bring to the oasis the freshness of the river.
They are great white flowers throbbing in the branches,
their bodies are the unhurried pure wings of life.
The beauty of the world rises intact,
eternally as Time, and It takes its rest
in fiery contemplation of itself.

The men, on the riverbank, turn action into sleepiness:
they exist, are effaced, are silence.
And a young lad appears, gathering in the nets,
and then solitude,
and a man has reconciled shadow and rest,
an aged man with his ass presses into the palm trees, they move
        patiently together,
and a pause resumes,
                        a bird squawks (and falls silent),
there are women, since centuries, washing clothes.
Can this be Reality? Men think
the things that they see now (as if by chance
they were not already of them).
No movement exists: only a flight of birds, and the river going
        down.
The sail glides across the sky without tearing it.

Men exist only to be looked upon by the light's white
        gaze,
and if my single, dark eye
                        now looks upon them
it too is looked upon.
A dream is dreaming the dreams of others.
And everything in the end will fade away.
Now the Nile, which is a mirror of fire, recalls that ringing of
        the ibises' flight
and voices, close and invisible, have peopled the shadows of
        the riverbank. And I grow old.

I can also hear singing, in my deaf ears, the birds of light
        that will never be born.

CONTRA LA PÉRDIDA
DEL MUNDO

A José María Álvarez

Se hace negro el otoño, de repente,
en esta hora temprana de la tarde,
antes de que la lluvia llegue abierta
a lavar el jardín con mansedumbre,
a humedecer mis ojos por la vida perdida.
Qué juntos hoy el mundo y yo,
y las sombras piadosas de esta sala
ungiéndome la carne con su aceite.

Puesto que soy, yo siempre tuve vida,
y como el sol, que no tiene existencia
en esta tarde, y es, yo habré de ser,
pues es más frío el mar, el perdurable.

Ha llegado el sonido de la lluvia,
su música extendida, y tan oscura.
Siento que pierdo el mundo.
Y he encendido una luz, aquí en mi mesa,
que del campo se vea, aunque lejana,
por si nadie me mira consolarle,
y así, por él, que exista el Escondido.

AGAINST THE LOSS OF
THE WORLD

To José María Álvarez

The autumn grows dark, suddenly,
in this early evening hour,
before the cloudburst arrives
to rinse the garden with gentleness,
to moisten my eyes for the life that has been lost.
How as one today are the world and myself,
and the pious shadows of this room
anointing my skin with their oil.

Since I am, I have always been alive,
and like the sun, which has no existence
this evening, yet is, I needs must be,
since the sea is colder, the enduring one.

The sound of the rain has arrived,
its music unfolded, and so enigmatic.
I feel that I am losing the world.
And I have lit a light, here on my table,
to be visible, albeit distant, to open country,
for if no one looks to me for consolation,
with this, for him, the Hidden One may exist.

EL ÁNGEL DEL POEMA

A César Simón

Dentro de la mortaja de esta casa,
en esta noche yerma con tanta soledad,
mirando sin nostalgia lo que en mi vida es ido,
lo que no pudo ser,
esta ruina extensa del pasado,
también sin esperanza
en lo que ha de venir aún a flagelarme,
sólo es posible un bien: la aparición del ángel,
sus ojos vivos, no sé de qué color, pero de fuego,
la paralización ante el rostro hermosísimo.
Después oír, saliendo del silencio y en tanta soledad,
su voz sin traducción, que es sólo un fiel entendimiento sin palabras.
Y el ángel hace, cerrándose en mis párpados y cobijado en ellos, su
    aparición postrera:
con su espada de fuego expulsa el mundo hostil, que gira afuera,
    a oscuras.
Y no hay Dios para él, ni para mí.

THE ANGEL OF THE POEM

To César Simón

Within the shroud of this house,
on this barren night of so much loneliness,
looking unnostalgically on what in my life is gone,
on what could not be,
this large ruin of the past,
also without hope
for what is yet to come to torture me,
one good alone is possible: the appearance of the angel,
his living eyes, of what colour I know not, but of fire,
my being frozen before the most beautiful face.
Then, to hear, issuing from the silence and in so much loneliness,
his untranslated voice, which is but a faithful, wordless understanding.
And the angel, enclosing himself within my lids and sheltering inside
        them, makes his last appearance:
with his fiery sword he expels the hostile world, revolving outside,
        into the darkness.
And there is no God for him, and none for me either.

EL AZUL

Busqué el azul, perdí la juventud.
Los cuerpos, como olas, se rompían
en arenas desiertas. Hubo amor
en el rincón florido de un jardín
clausurado. Y quise hallar palabras
que alguien pudiera amar, y me valieran.
Voy llegando al final. Ciega mis ojos
un desolado azul iluminado.

THE BLUE

My quest for the blue cost me my youth.
Bodies like waves would come crashing
on deserted shores. There was love
in the flowering nook of an abandoned
garden. And I longed to find words
that somebody could love, that held for me as well.
Now I'm nearing journey's end. My eyes
are blinded by a desolate dazzling blue.

EL TELÉFONO NEGRO

He marcado los números antiguos
con un deseo vago de respuestas,
sabiendo ya que nadie me esperaba.
Con un deseo vano de oír voces amadas
y que reconocieran también ellos mi voz.
Mi teléfono es negro,
y en la noche, aún más negra,
sólo oía el sonido que llamaba a unas tumbas.
Y yo en mi casa solo.
                        Se rompe la mañana
en el turbio cristal. Va llegando el verano.
Cantan los pájaros (¿los mismos?),
y no sé si hay consuelo.

   Con la luz que desnuda amanece
desnudo entro en la cama,
                        y el teléfono suena.
Me apresuro. Le digo que me diga.
Sigue el silencio, y sé que están hablando.
¿Sale la voz de alguna boca muerta,
o acaso, de tan solo, sólo hay en mí sordera?
Oigo otra vez los pájaros. Y sé que son los mismos
que cantaban entonces, tan frágiles y eternos.
Tengo que hablar. Con quién,
si no salen tampoco sonidos de mi boca.

THE BLACK TELEPHONE

    I dialled the old numbers
with a vague desire for replies,
knowing full well that no one was expecting me.
With a vain desire to hear cherished voices
that would equally recognise my voice.
My telephone is black,
and in the night-time, which is blacker still,
I could hear only the sound of it calling up some graves.
And me, alone in my house.
                         Morning breaks
on the dim window pane. It will be summer soon.
The birds (the same ones?) are singing,
and whether there is comfort I cannot tell.

    By the naked dawning light
I climb naked into my bed,
                      and the telephone rings.
I rush to pick up. I ask who's calling.
The silence persists, and I can tell they are speaking.
Does the voice issue from some dead mouth,
or maybe, from being so alone, I am the lone deaf one?
I hear the birds once more. And I can tell they are the same
that sang just now, so frail and never-ending.
I must speak. Who with,
if no sounds issue either from my mouth.

EL CAMINO DE LAS NORIAS

Ahora que ya sé que hay tantos días muertos
que nunca nadie habrá de recobrar,
quiero salvar la luz de aquel camino
que llevaba a las norias,
con vuelos de gaviotas chillando alrededor,
grupos dispersos de muchachos oscuros.

Detrás corría un mar sin fatiga, y extenso,
rodando interminable
un aro luminoso de agua verde,
y lo dejaba luego, blanco y roto, en la arena.

Alguien cegó mis ojos, y ahora quiero volver
y he olvidado el lugar.

THE ROAD OF THE WATER WHEELS

Now that at last I know there are so many dead days
that nobody will ever be able to recover,
I want to salvage the light of that road
that used to lead towards the water wheels,
with flights of gulls screeching on all sides,
scattered groups of suntanned boys.

Behind there flowed a sea, vast and unflagging,
turning without end
a luminous ring of green water,
and then left it, white and shattered, on the sand.

Someone blinded my eyes, and now I want to return
and I have forgotten the spot.

PALABRAS A UN LAUREL

Llena de luz tus ojos,
ahora que cae el día
en las alas rasantes de los pájaros,
ahora que es miel y adelfa,
y en las cimas se vuelve adolescente
en su fragilidad, por su belleza.
Unge de luz tus ojos
y acércate al laurel, y toca en él a Dafne
que rechazó el amor,
tú que sólo estimaste la vida si era amor,
y mírate, con ella, en la desgracia
de centrar las delicias de la vida
en ese peso brevo del pájaro en sus ramas,
en el tierno batir de la inocencia,
en el canto feliz que suena solitario.
Y dile que es también delicia de la vida
el oscuro follaje de sus ramas,
pero que no lo fue su historia desdichada,
más triste aún que mi propia desdicha.

WORDS TO A LAUREL TREE

Fill your eyes with light,
now that the day is waning
in the low flying wings of the birds,
now that it is honey and oleander,
and regains its youthfulness on the hilltops
in its frailty, through its beauty.
Anoint your eyes with light
and draw near the laurel tree, and there touch Daphne,
she who spurned love,
you who valued life only as love,
and recognise, along with her, the misfortune
of concentrating life's pleasures
in that transient weight of the bird in her branches,
in the tender fluttering of innocence,
in the joyful and lone-sounding song.
And tell her that the dark foliage of her branches
is also one of life's pleasures,
but that this was not her unhappy story,
sadder still than my own unhappiness.

ANTES DE ENTRAR EN LA LUZ

He de entrar en la luz que está ciega,
en donde la ignorancia borrará el conocer.
No habrá respuesta nunca.
Afuera ha de seguir la luz del sol
que da goce y tortura a los humanos,
viviendo en la pregunta que ahora mismo,
porque en la luz no ciega habito todavía,
dirijo al mundo amado.

He de entrar en la Luz, esa luz ciega,
y estoy aquí, llenos de amor los ojos,
mendigando qué soy,
por qué, como si fuese un dios, el sol es mío.

BEFORE ENTERING THE LIGHT

I am to enter the blind light
where ignorance will erase all knowledge.
There will be no answer, ever.
On the outside the sunlight will still exist
that brings joy and torment to humankind,
living in the question that right now,
because I still dwell in the light which is not blind,
I pose to this cherished world.

I am to enter into the Light, that blind light,
and I am here, eyes brimming with love,
begging for what I am,
why, as though I were a god, the sun is mine.

EL NADADOR

En un sitio tan quieto, de soledad y de agua,
por dejar su fatiga más ligera,
el nadador parado
mira el cielo cayéndole en el pecho.
Le llegan muy lejanas las voces de la orilla,
el cristal de los niños
en la inmensa alegría de estas aguas Maternas,
en esa plenitud mojada de la Vida.

Y en el oído diestro acoge
la anchura de un silencio más hondo que los aires,
unas aguas tristísimas, hostiles.
Es en ese lugar, que no tiene destino
porque no tiene límites,
en donde nadará, sin aire y sin sal, su cuerpo
las aguas desoladas, frías, negras.

THE SWIMMER

In such a still spot, secluded, in open water,
to lighten the strain on him,
the swimmer halted
gazes at the sky beating down upon his chest.
Far off voices reach him from the shore,
the bright cries of the boys
in the unlimited joy of these Maternal waters,
in that drenched abundance of Life.

And his trained ear takes in
the breadth of a silence deeper than the winds,
waters immensely sad, unfriendly.
And it is in that place, that has no destination
because it has no limits,
that his body will swim in, without air and salt,
through waters desolate, freezing, dark.

SIGNIFICACIONES

Había ya llegado aquel mal tiempo
que oscureció la luz del Paraíso.
Mis lágrimas, le dije, son de sangre,
y un crepúsculo es sólo la esperanza.
Después llegó, en tumulto, un gran silencio,
y sordo estoy, y no he resucitado.

MEANINGS

Those foul skies had come upon me then
that dimmed the light of Paradise.
My tears, I told him, are of blood,
and hope is a mere glimmer of light.
Then came, amid uproar, a deafening silence,
and I am stunned, unresurrected.

LA ÚLTIMA COSTA

Había una barcaza, con personajes torvos,
en la orilla dispuesta. La noche de la tierra,
sepultada.

    Y más allá aquel barco, de luces mortecinas,
en donde se apiñaba, con fervor, aunque triste,
un gentío enlutado.
            Enfrente, aquella bruma
cerrada bajo un cielo sin firmamento ya.
Y una barca esperando, y otras varadas.

    Llegábamos exhaustos, con la carne tirante, algo seca.
Un aire inmóvil, con flecos de humedad,
                    flotaba en el lugar.
Todo estaba dispuesto.
              La niebla, aún más cerrada,
exigía partir. Yo tenía los ojos velados por las lágrimas.
Dispusimos los remos desgastados
y como esclavos, mudos,
empujamos aquellas aguas negras.

    Mi madre me miraba, muy fija, desde el barco,
en el viaje aquel de todos a la niebla.

THE FINAL SHORE

There was a ferryboat, with grim characters aboard,
ready by the shore. Earth's nightime,
buried away.
　　　　　And beyond, that boat, with feeble lights,
where there pressed together, fervently if sad,
a crowd in mourning.
　　　　　　　　　Opposite, that thick mist
hanging under an already vaultless sky.
And a boat waiting, and others run aground.

We arrived worn out, flesh taut, somewhat dry.
A motionless air, with frayed edges of moisture,
　　　　　　　　　　　　floated about
　　　the place.
Everything was at the ready.
　　　　　　　　　The fog, ever more thick,
urged us to depart. My eyes were veiled by tears.
We made ready the ramshackle oars
and likes slaves, silently,
we pushed against those black waters.

My mother looked at me with steadfast gaze, from the boat,
on that journey of all into the fog.

Bibliografía selecta | Select Bibliography

Brines, Francisco
- (1986) *Poemas a D.K.* Sevilla, El Mágico Íntimo.
- (1999) *Selección propia.* Tercera edición [Third edition]. Madrid, Ediciones Cátedra.
- (1997) *Ensayo de una despedida: Poesía completa (1960-1997).* Segunda edición [Second edition], 1999. Barcelona, Tusquets.
- (1995) *Escritos sobre poesía española.* Valencia, Pre-Textos.
- (2004) *Amada vida mía.* Selección. Salamanca, Ciudad de Cultura.
- (2007) *Todos los rostros del pasado: antología poética.* Selección y prólogo de Dionisio Cañas. Barcelona, Galaxia Gutenberg, Círculo de Lectores.
- (2018) *Antología poética.* Madrid, Alianza Editorial.

Andújar Almansa, José (2003) *La palabra y la rosa: sobre la poesía de Francisco Brines.* Madrid, Alianza Editorial.

Binding, P. (2011) De purísimo azul / Of Purest Blue. Poems. Review of translation by S. Cranfield and C. Tedesco. *Ambit*, Winter 103, 61-62.

Cranfield, S. and Tedesco, C. (2017) Reformulating the problem of translatability: A case of literary translaboration with the poetry of Francisco Brines. *Translation and Translanguaging in Multilingual Contexts*, 3(3), 304-322.

Gómez Toré, José Luis (2002) *La mirada elegíaca: el espacio y la memoria en la poesía de Francisco Brines.* Valencia, Pre-Textos.

Jiménez, José Olivio (2001) *La poesía de Francisco Brines.* Sevilla, Editorial Renacimiento.

Martín, Francisco José (1997) *El sueño roto de la vida (Ensayo sobre la poesía de Francisco Brines).* Altea, Aitana Editorial.

Nantell, Judith (1994) *Francisco Brines: the deconstructive effects of language.* London & Toronto, Associated Universities Press.

Pujante, David (2004) *Belleza mojada: la escritura poética de Francisco Brines.* Sevilla, Editorial Renacimiento.

Tedesco, C. and Brines, F. (2013) 'A Life in Parenthesis': Francisco Brines interviewed by Claudio Tedesco. 'The Languages of Exile: Translating Modern and Contemporary Hispanic Literature', University of Westminster, 21 June, 2013. Video available at https://youtu.be/wA973Y0Pv88

Lightning Source UK Ltd.
Milton Keynes UK
UKHW020247080223
416610UK00016B/2298